AF424015

يسعَى الكاتب مِن خلال مؤلَّفاته إلى ملامسة مشاعر القارئ دائمًا، بمُنطلق إيمانه أنَّ الإنسان عندما يقرِّر بأن يقرأ كتابًا، فقدِ اختار العزلة ومجدَّها وتعني له هذه العزلة الشيء الكثير؛ فهي من اللحظات المقدَّسة بالنسبة له، لذلك أراد المؤلِّف أن تكون هذه المؤلَّفات كُفؤًا بأن تكون شريكة لهذه العزلة وترتقي إلى تطلُّعات القارئ.

الإهداء

أُهدي هذا الكتاب إلى ذاتي..

وإلى تلك اللحظات التي انفردت بها كثيرًا مع أفكاري..

أهديه إلى تلك الدقائق والساعات التي احتضنتني رغم شتات الفكر ورغم توَقُّف العقل عن المحاولة والسعي؛ فلا ألوم عقلي ولا ألوم أفكاري الشائكة.. بل إنني أومن أنَّ لشتاتي دورًا في هذا العالم من قريب أو بعيد.

عزيزي القارئ!

دائمًا سيكون بيدي حلٌّ لكَ بالتأكيد، لكن لا حلَّ لي بيدي وإن حاولتَ معرفتي فلن تعرفني أيضًا.. ولكن أوَدُّ أن تقترب وتُعلّق.. أوَدُّ ذلك حقًّا.

أشكر القلم الَّذي لطالما جعلَني أُحدق النظر إليه باحثًا عن ماهيته، فما إن أمسكتُ القلم ووضعتُه نصب عيني مُدقّقًا فيه إلّا علمتُ أنه سلاح ثابت على مرِّ العصور، وعلمتُ أنَّ علاج

الخيبة يكون بالرِّضا، فتمسكتُ به كثيرًا عندما يعترض العارض، ويجد لنفسه مُستقرًّا أمام أحلامي الَّتي لَم تكن حتى واضحة لي فلذلك رضيتُ.

قال تعالى:

﴿اللهُ الَّذِي خَلَقَكُمْ مِنْ ضَعْفٍ ثُمَّ جَعَلَ مِنْ بَعْدِ ضَعْفٍ قُوَّةً ثُمَّ جَعَلَ مِنْ بَعْدِ قُوَّةٍ ضَعْفًا وَشَيْبَةً يَخْلُقُ مَا يَشَاءُ وَهُوَ الْعَلِيمُ الْقَدِيرُ﴾.

عبد العزيز محمد الموينع

نصوص الظلام من أمام الشموع

AUSTIN MACAULEY PUBLISHERS™

LONDON • CAMBRIDGE • NEW YORK • SHARJAH

الرقم الدولي الموحد للكتاب 9789948748700 (غلاف ورقي)
الرقم الدولي الموحد للكتاب 9789948748717 (كتاب إلكتروني)

رقم الطلب:MC-10-01-4419446
التصنيف العمري : E

تم تصنيف وتحديد الفئة العمرية التي تلائم محتوى الكتب وفقًا لنظام التصنيف العمري الصادر عن مجلس الإمارات للإعلام.

الطبعة الأولى: 2024
أوستن ماكولي للنشر م. م. ح
مدينة الشارقة للنشر
صندوق بريد [519201]
الشارقة، الإمارات العربية المتحدة
www.austinmacauley.ae
+971 655 95 202

شكر وتقدير

أشكر القلم الَّذي لطالما جعلَني أُحدق النظر إليه باحثًا عن ماهيته، فما إن أمسكتُ القلم ووضعتُه نصب عيني مُدقَّقًا فيه إلَّا علمتُ أنه سلاح ثابت على مرِّ العصور، وعلمتُ أنَّ علاج الخيبة يكون بالرِّضا، فتمسكتُ به كثيرًا عندما يعترض العارض، ويجد لنفسه مُستقرًّا أمام أحلامي الَّتي لَم تكن حتى واضحة لي فلذلك رضيتُ.

قال تعالى:

﴿اللهُ الَّذي خَلَقَكُمْ مِنْ ضَعْفٍ ثُمَّ جَعَلَ مِنْ بَعْدِ ضَعْفٍ قُوَّةً ثُمَّ جَعَلَ مِنْ بَعْدِ قُوَّةٍ ضَعْفًا وَشَيْبَةً يَخْلُقُ مَا يَشَاءُ وَهُوَ الْعَلِيمُ الْقَدِيرُ﴾.

[الروم: 54]

جدول المحتويات

مقدمة وعيار يُخشَى

كبوة جواد، "ولكل حصان كَبوة"؛ هي من الأمثلة الدارجة على الألسن فيقولها الفَصيح والعامي، ويقولها العالم والجاهل، كلٌّ منهم يقيم كبوة غيره أو كبوته، وتختلف الكبوات والسقطات، فمنهم مَن يرى سقوطه كنجم يتهادى نحو الأسفل لاكتشاف كوكب الأرض عن كَثب، ويُشبع عقله بوَهمٍ رُصع بالكَذب، وخيالات تشبعُ عقله ليستمرَّ هُنا وهناك، فيطمَع بهتافات كُلِّ ذي لِسان، فلو خاطَب عُرف ديك أقفى عَنه وهو يؤذن لحَسبه يتغنَّى به، كل ذلك وإن كان بالحُسبان، فالكبوات كالوقود وإن آلمَت، وكالسلاح الذي يضعف مَع الزَّمن إلى أن يحين الموعد الغرامي لصاحب هذا السِلاح، فيذهب لتنظيف مَخزنه فيعود أقوى ممَّا كان، على لحنٍ يُعجبه وإن كان هذا النَّغم صياح قَطيعٍ، فكل يَطرب لمَن يُضفي لوقته الكَثير مِن الثناء، بغضِّ النَّظر أكان ذلك الثناء صادقًا أم لا؛ فالعَبد الضَّعيف

أمامكم كباقي البَشر يطمع في الثناء لما يَكتبه، ألا تظنون أني أطرب بما يُقال عني؟ وإن كان في مخيَّلتي أنِّي أقلُّ من أن يُثنَى عَليَّ، وأنِّي أصغر من ذلك، جُبلنا على حُبِّ التنافس والظهور.

فأعوذ بالله أن يكلَنا إلى أنفسنا طرفة عين، وإنَّ في قناعتي وليدة الثلاثة والعشرين عامًا أنَّ لكل منَّا عيارًا أخيرًا سيصاب من وابلهِ ويُسقَى وسيتجرَّعه لا محالة، إلا مَن اصطفاه الله وزكاه وكان مِن أوليائه، فها نحن في دوامة من الكبوات والسقطات، ولكن حِبال تلك العلاقة بين العَبد وربِّه تُمدُّ مِن السَّماء فتزنُنا ولا نزنُها بشيءٍ، وتَقصر لنا المسافات لموعد أحنُّ لمَن جَعلها نصب عينَيه وأتمَّها، فأعود لما قُلت ومغزى ما سأقول، فإني والله لا أخشى إلّا من عيار أخير يُصيبني في مَقتل فأكون ككبش إبراهيم لا ملاذَ لي، وكمَن حُتم على عقله المَوت وجَسده في العَلن، اكتبوا وخذوا عني أني شَهدت اليوم في زمننا من أتاه عياره وغَرق بعاره، شَهد أنَّ للأبناء حقوقًا أولها الأَكل وآخرها ترتيب المَرتع الذي سينامون فيه، نعم مرتع لكَونهم جبلوا كالبهائم، فلا لومَ ولا لائمة تقع عليهم، فهم مسيرون لا مُخيرون بهذا الغَرس، ولا أجيد دائمًا أن أكون واعظًا، ولا أجيد لعب دَور الصالح في هذا الزمان، ولكن كذلك لا أجيد الانسلاخ والتعرِّي من المبادئ وإن لامست أكُفِّي لذَّة الوصول، ما أتعس الدهر حين يُلبسك لباس المُلوك! ينفثُ

على سماك ألف شيطان وتظنُّ أنك خير من نَطق وصُدق، أكان ذلك بستار العلم أم بغشاوة على قَلبك، إن للعلم أناسًا يتشبثون به رغم كرهِه لهم، وإن صَمَت العلم فصمتُه ليس علامة على رِضاه، إنَّما هو هيبة للعلم تحفظُه من التكلُّم في أمور تَمسه، وإنَّ لكلِّ كمال نُقصانًا، ولكلِّ عيار أخيرًا.

سِحر المحطة

في أحد الأيام عِندما كُنت منغمسًا مع أفكاري، بالتأكيد لَم تكن أول فِكرةٍ في هذا اليوم، فلا زِلتُ أعيشُ في عالمٍ غير عالمنا الواقعي، بغضّ النظر عن قلةٍ ما ينحدر تحت الواقع فعالمنا غريب، مشاعِرنا تُرسل بطريقةٍ أُخرى ولِقاءاتنا معدومة، هل تُريد أن تعرف كيف هي لقاءاتنا في هذا العالم؟ بُنيَّ! ما عليك إلّا أن تجمعَ بعضًا من الحروف وتُرسلها مع ذلك الحمامِ الزاجل، فلم تَمُت تلك الطريقة ولكن طيرُ هذا الزَّمانِ أسرع ممّا مضى، لا أعلم إن كانَ يَقتُل جمالية وسحرَ الكلامِ والبيانِ أم لا؟!

يا بُنيَّ، لقد توَقفَ أبوك في محطّاتٍ كثيرة في هذهِ الحياة، لكن أُقسِمُ لكَ بأنَّ هذه المحطةِ الَّتي سأرويها ستتمنَّى لو أنكَ خُضتها، لا تقلق، لا تقلق! أنا لا زلتُ أمامها وأراها جيدًا، فقد كتبتُ هذا النص في حاضري وستراهُ أنت في مستقبلك.

بينما أنا عابرٌ وسالكٌ لإحدى المحطات أرى يدًا تُرفعُ للوداعِ، ويدًا أخرى تستعدُّ لعناقِ مستقبلٍ لها، رأيتُ إحدى الزهور وهي تَسقُطُ في رقة، ركِّز معي جيدًا يا بُنيَّ، إنها تسقُط ولَمعَة الشمسِ ما قبلَ الاحتضار، فقد كانت قريبةً من غُروبها فأقسمَت هذهِ الزهرة أن تسقُطَ في هذه الأثناء، عُذرًا بُني؛ قد يخطرُ في بالك أنهُ سقوط اليأس، لا بل كان استعراضًا بريئًا من دونِ أن تَشعُر، خفقَ قلبي فركضتُ مسرعًا، عينٌ على الساعة تُراقبُ الثواني، وعينٌ تتأمَّل أن تصل لتحظَى بعبقٍ هذهِ الزهرة.

وصلت! بَرقت عيناي! صُعقت! لَم أُصدق ما رأيت، فقد كانت تتمتعُ بلونٍ خلّاب، وكلما نظرتُ بأحدِ أركانها وجدتُ مجموعةً من الأزهار، عالَمُها غريبٌ فريد، جثوتُ على رُكبتي، أخذت أُقلِّبَها، سكَن السَّلامُ عالمي المتناقض، أحسستُ بقبولٍ لها منّي، أخذت تُرسل إشاراتٍ لي للحديث، ولكِن للوهلةِ الأولى لَم أجد الكلام، فقد تَلعثمَ لساني واحمرَّ وجهي، أهو مِن خجلٍ أم ماذا؟!

مرَّتِ الأيام يا بُنيَّ، وكنت قد وضعتُ تِلك الزهرة في حوضٍ أمام نافذة الحُجرة المُتصدّعة، وفيما أنا عائدٌ من إحدى الرحلات وقد جلبتُ معي بعضًا من القصصِ كي أرويها لزهرتي الجميلة، كانت نظرتي إليها نظرتي للطفلةِ البريئة، ولكن ليست

كأي طفلة، فهيَ تعي! أوه، ليس كما تظن أنها تعي تعي، فقد كان إحساسي أنَّها تعي لا أكثر؛ لأني لطالما كنت أومن بأن اختلافها يُخبئ الكثير والكثير، طرقتُ الباب خوفًا مِن أن أدخُلَ عليها بعد هذه المدَّة من الغياب فأجدُ ذبولًا.

يا إلهي! بعد الضربةِ الثالثةِ للباب سمعتُ صوتًا لوقوعِ عُلبةٍ أو شيءٍ من هذا القَبيل، رجفتُ، فتحتُ البابَ بكُلِ تردُّدٍ وخوف، مَن هذا الذي حاول أن يمكُثَ في بيتي في أثناءِ غيابي! ألَم يَخف مِن عودتي؟!

فتحتُ الباب على مصراعَيه؛ فإذا بطفلةٍ فاتنة وقَعت عيناها الواسعتان في عيني، حبَست تِلكَ الطفلة أنظاري في سجنٍ كبير لا نهاية له، سلَّمتُ لها فأخذَت تركُضُ إليَّ في ابتسامةٍ ساحرة وخجلٍ مُربك، ولما وصلَت إليَّ أخذت تُشير بيدَيها إلى الحوضِ الصَّغير، لَم تتكلم قط، فقلتُ لها:

- مِن أين أتيتِ يا صغيرتي؟ كيف وصل بكِ الحال إلى بيتي المُتواضع؟

ألف فكرة وفكرة.. كيفَ أُعيد تَلكَ الطفلة إلى أهلها؟! حسنًا، إن لَم يكن لديها أهل...؟!

قالت لي:

- لا تقلق، فقد قُدرَ لي أن أكون ها هُنا، فقد أحببتُ منزلك.

بعدَ ذلك ابتسمت على حياء منزلي، إنَّني بالكاد أستلقي فيهِ لساعتين متواصلتين على جنبٍ واحد من شدة قسوته، فازدادَت خجلًا وتورَّد خدَّاها، وشعَ ذلكَ النور من شفتَيها بلا تردُّد، أخذتني مسرعةً لِتُريني ما بداخل بيتي! وكأني لأولِ مرة أدخُله – في الحقيقة استعملتُ مصطلح البيت بدلًا من قلبي – ففي الحقيقة ذلك قلبي، ولكِن خجِلتُ يا بُنيَّ أن تراه في حالةٍ كَتِلك، أخذتني الدهشة؛ ترتَّبَت شراييني وانتظمت مشاعري فأخذت تُرشِدُني في أرجاء قلبي ولَم تَعلم تِلك الصَغيرة أنَّها قلبٌ بداخلِ قلب، سَهرتُ معها كثيرًا هذا اليوم حتَّى أخذها النُّعاس ونامَت على الأريكة، وقبل نومها بلحظات وبينما نحنُ نتحدَّث، عضضتُ على شفتي في خجلٍ وحبستُ تلك الكلمات التي لَم أستطِع إكمالها، فقد تركتني أُراقب ذلك السواد، سواد ما فوق عينَيها، أُقسم بأنني لَم أرَ مثلها.

وكأنَّ عينَيها جداولُ مِن ذهبٍ

زرعَت سهامًا فوقها سوداء لا تخشى العطب.

كنتُ أُردِّد تلك الكلمات طوالَ الليل، وفي نفس الوقت كنتُ خائفًا ومحتارًا؛ كيف لهذه الصَغيرة بهذا اللسان وكيفَ تجري الأحاديث على لِسانها مجرى العُقلاءِ مِنَ الناس؟ أهي معجزة هذا العَصر؟!

صمدتُ الليلة كُلَّها خوفًا من أن أنام ويختفي أثَرها حينما أصحو، هل بدأت أُصاب بالهلوسة؟ هل قلَّ المنطق والتفكير السليم لديَّ؟! يبدو كذلك، ولكن لا يهمُّ سأصدق بأنها وُلدت والمَشيمة الَّتي كانت تحملُها ما كانت إلَّا أنهار عسلٍ، جرت مع خُروج هذه الزهرة، وكانت تفوحُ عبقًا يحملُ الكثيرَ مِن تِلك المواد المُسكرة، على العُموم يا بنيَّ، فما زالت تلك الزهرة تعيش وتُشاركني بعضَ تفاصيل حياتي إن لَم تكُن غالبها.

سَكينة الليل

أخذَت سيارتي هاربًا بروحي وجسدي وفكري ولا أعلم ما هي الوجهة، ولكن نحو ذلك الشعور الذي يُسمَّى بسكينة اللَّيل، آمِلًا أن تحتضن تلك السكينة حيرتي وشتاتي، رَكنتُ سيارتي تحت تلك الشجرة المُرعبة، ففروعها ضخمة وأغصانها كبيرة، مُريبة المنظر، تدعو إلى الغُموض، كلما اقتربت منها أحسست بِخلاف ما كنت أطلب؛ فقد كان خروجي طلبًا للسكينة، أحسستُ بحرارة أسفل قدمي ونسمات الهواء تُلاعب أطراف ثوبي، تلك الأوراق كانت مألوفةً لي، أخذت أقترب أكثر فأكثر وكأنَّ أغصانها أرادَت مني ذلك، أمسكتُ بتلك الشجرة، ولكن ذلك الجرم الكبير كان لهُ رأيٌ آخر، خرج أمام أعين الجميع، قمر مُلفت ساحر مهيمن، يسبح في ثقة متحكمًا بعيون الملايين من الناس وكأنَّ لسان حاله يقول: (حتى وإن هربت عيونك مني فستراني هنا وهناك، أنا الحديث الآن وغدًا وبعد غد).

كان القَمر يسير مسرعًا فركبتُ سيّارتي لاحقًا حيثما يُريد، ولَم أكلِّف نفسي سؤالًا إلى أين يتَّجه، هرب ذلك الجُرم مع شروق شمس يومٍ جديد، يا إلهي! لقد نسيتُ تلك الشجرة، رغم أنني اقتربتُ منها كثيرًا وشاركتُها مشاعري وحُزني، نعم فقد تلامسَت أجسامنا وهذا قربٌ عَميق! يومًا بعد يوم ستدرِك أن قُرب البعض لَم يكن لرونقك الجميل، ولا ميلًا وإعجابًا لفصاحة لسانك، ولا حتى لجمالك الخلّاب الذي ظننت أنه كفيل بقفز كلِّ تلك الخطوات والمُعوِّقات والهُموم، إنَّما هو درسٌ لك في هذه الحياة، بأنَّ الشعور بالأمان لا يدوم عند شخص طيلة العُمر، وليس شرطًا أن يكون تقصيرًا مِن ذلك الشخص، وإنما سنة الحياة وإرادتها الَّتي أرادها الله، لا تدري لعلَّ أحد هذه المواقف يخلع عنك شُعور الرتابة المُزيَّف، لعلّه قادرٌ على كسرِ تلك المشيَّة الَّتي كُنتَ لا ترى بها غير النجوم، لعلك شحيحٌ بالأمس كريمٌ اليوم، المواقف دروس والدروس عِبر، والعبرُ خريطةٌ دقيقة لك تستطيع أن تسير فيها وفقًا لقوانينها.

بركان أحد المواقف

في كثيرٍ مِن الأحيان سَنجدُ أنفسنا عالقين بينَ خيارين، الأدهى والأمرُّ إذا كانت تِلك الخيارات سيَّان فيما سوف تصل إليه وفيما ستنتهي به، النتائج لكلا الأمرَين عالقة في دائرةٍ واحدة، لا يُريد أحد الأمرَين أن يخرج بنتيجة أو ميزةٍ إضافية، رفعوا راية الاستسلام لا السلام.

هأنذا في بحرٍ مِن التناقض، خطوةٌ حائرة وآمالٌ معلقة على خيوطٍ هاوية، أهي خيوط العنكبوت أم آمال مَن كانوا بالغار؟! هذه المرَّة سأتمنَّى لو كُنتُ بالغار بدلًا مِن ذلك الشخص، عفوًا أخي لا أعرِفك سَمِعتُ عنك اليوم، ودعواتي وقلبي انصرفوا للسَّماء بكل خشوع طلبًا بأن تحوطك الرحمة، لَكَم خطَّت أقدامنا تِلك الأحلامَ سويًّا رُغم أن نتائج تِلك الأحلام اليوم أصبَحت عكسية.

سأُخبرك بأنَّ ذلكَ الشخص سعى كثيرًا، تقدم خطوات بذهنه فصفعتهُ الخيالات السوداء، فرجعَ إلى ذِكرياتكم سويًا فداهمتهُ العَبرات، وهأنذا بعد سنةٍ كاملة أعود لأرى هذه الكلمات المُبعثرة والمعاني الغامضة الَّتي كانت تترجم ما يدور في ذهني في ذلك الحِين، أعلم أنك تستطيع تجاوز كُل عقبة كان سببها أحد الأشخاص، فكثرة البشر واستخلافهم في الأرض ليس أمرًا عشوائيًا، ستقصر عليك المسافة من جهة وستطول من جهة أُخرى، وستُمد ضوءك المشع لإنقاذ بقايا روح داخل أحدهم، وعندما تدور عجلة الأيام وتقلُّ إمداداتك ويضعُف عزمك ويقلُّ بريقك، تَذكَّر أنَّ ما صنعتَه في السابق حان دورُه.

يكمُن الخير والشر

في يومٍ منَ الأيام عندما كنت أتحدَّث إلى أحد الأشخاص وأريتهُ صورة لأحد الفرسان، قالَ لي إنَّ هذا الشخص ينبع من عينَيه الشر، ولماذا ينظر بهذه الطريقة المُرعبة؟ فأخبرته أن هناك فرق بين مَن ينام وبيده سيف حتَّى يؤمن نومته، وبين مَن ينام على سريرٍ ناعم وهو يُفكر في طبق إفطاره غدًا، وأيضًا مَن يستقبل يومه بالحروب وهو في صراعٍ كل ليلة مع ولائه، وبين مَن كانت أفكاره هي العدو الأشد خطرًا له.

استوقفتني تلك العبارة التي قالها لي هذا الشخص: (إذا كانت هذه نظرات رجل الخير، فكيف نفرق بين الخير والشر إذًا؟)

فقلت سريعًا:

- انظر إلى أين يتَّبع هذا الشخص، وإلى أي راية، وستعرف هل هو مِن أهل الخير أم الشر؟!

ولكن ماذا عن فردٍ لا يتبع لرايات ولا تُحركه عبارات ولَم يُسمع عنه أي مرويَّات؟!

استوقفَتني كثيرًا هذه الحقيقة، ولكن جوابها لَم يَحِم كثيرًا في ذهني إلَّا وقد أمسكتُه وعلَّقتُه على جدار العقل.

يَجب ألا تُرعبنا فكرة أين يكمُن الشر، فجوابُ ذلك واضحٌ كُل الوضوح، فالشر دائمًا ما يكون جزءًا خفيًّا عن الأعين قريبًا منَ الألسن وبجوار المسامع، فهو يُحدثُ جلبة وضجَّة وكأنه إحدى علامات الساعة، ولكن عند نزولك إلى الواقع لا تجد شيئًا ملموسًا، ستجد الشر خلف تلك الأوجه الصامتة، ستجد الشر في بطون الخير، ولكن لن تستطيع الإمساك به أبدًا لعدمِ قُدرتك على مواجهة الأمر، فجانبُ الخير فيه يَمنعك من أن تفعل ذلك، فغطاء الخير وإن كان قصيرًا سيقف معه العقل البشري وسيترك جانب الشر فيه، ولكنَّك ستشعُر به، ستظهر لك العلامات وستشرق شمس الواقع، ومن المرجح أنّي سأجدك بعيدًا كُلَّ البعد مهاجرًا إلى مكانٍ يؤمن لك راحة البال إلى عالمٍ خاصّ بك لا يُكدره ما خفِيَ في بطون الخير.

حدثٌ مسَّ الطبيعة

في يومٍ مِن الأيام وفي وقتٍ مِنَ الأَوقات وفي ساعةٍ مِن الساعات وبداخلِ اللحظات، حدثٌ مَسَّ الطبيعة، حدثُ اليومِ والغدِ، حدثٌ للأحفادِ وأبنائهم، سيظهرُ على شاشةِ التِّلفاز وعلى لوحاتِ الطُّرُق، سيُشير الصغير إليه ويلتفتُ الشاب عليه، وسيرفع الكهل رأسهُ للأعلى ليرى الخبر ناسيًا الألم الذي سيُصيبهُ أثناء تغييرِ جَلسَته، تَغيُّر المَناخ، أرأيتُم الشرق الأوسط في أجملِ حُلة يا مواليد السبعينيات والثمانينيات؟! أرأيتم ذلك يا جيل المعرفة والمشاركين في نهضة العالم؟! يا مواليد التسعينيّاتِ وما بعدها! لا لَم تروا ذلك، وأكاد أجزم أنكم لن تروه أيضًا، إنهُ سحرٌ يكمنُ في عالم من العوالم التي تَسكُنُ جسدًا بشريًّا وبالتحديد في عقلٍ شاب، أعود لِما قُلت وسأعود كثيرًا فإني لا حاجة لي بأن أقدِّم، فأنا ها هنا، مكاني ها هنا، كثيرًا ما نسمعُ المُحبِّين والعشاق يقولون كيف كانت حياتنا قبل أن نعرف

بَعضُنا، وأقول: اهدؤوا، فلَم تروا ما رأيتُ، وأقول بِكُل ما أُوتيت مِن عقل وكُل ما أُوتيت من بصيرة، لا أَوَدُّ معرفة ما كُتب بالقدر إن كُنت مع تِلك الزهور التي تسكن ثنايا العقل وأركانه، فكلما ضاق الفضاءُ الرَّحب شممتُ مِنها نفحة فتوَسَّعَت مداركي فمعها يُصاب اللسان بداء الفصاحة، وينطق كنطق الشيوخ، فأسمو بين قومي، مع تِلك الزهور أجدُ حُبًّا للحياة لأنَّها أيضًا فيها، فلَم أُحبَّ الحياة وحدها قطُّ، كيف أُنهي السطور وهي تصِفُ ذلك الحدث؟! لا العقل يسعُهُ ولا الفكر يَسعُهُ، إلَّا فكرٌ لا يؤمن بالحدود، وقلبٌ آمنَ أنَّها هبة الله.

لقاءات فكرية

في يومٍ هو اليوم المُهم لأحدِ رجال الأعمال، ما قبل اللقاء بساعات وما قبله بدقائق يقفُ أمام المرآة، تقع عينهُ على أدقِ التفاصيل وأصغرها في بزته، وتلامس أطراف أصابعه تِلك البزة، عندما أرسلت إليهِ حاسَّتُه أو عقلة المُعجبُ به إشارة إلى أنهُ من الممكن أن يكونَ القُماشُ رديئًا فهذا أمرٌ مرفوضٌ عنده البتة، وسرعان ما لحقت أطراف أصابعه تلك التنهيدة التي تُخبره أن البزة في أجمل حُلة، انطَلِق واخفِض رأسك، راقِب قرعَ نعليك ثم ارفَع رأسك، وانظر إلى تلك السيارة الفارهة التي سَتُقِلّك إلى حيث يكون اللقاء المنتظر، دعَونا نعُد لتلك الليلة، ليلة ما قبل اللقاء في تلك الغرفة بالتحديد، عندما قُدِحَت شرارة من عقل صاحبنا لتخبره ولتهمس في أنحاء فِكره وعقله وتقول له: لقد أصبحت في سنٍّ متقدمة، ولَم يتغيَّر شيء سوى سَعيِك وراء المال، ليستِ المشكلة هنا! لا وألف لا، المشكلة أن يكون هذا المال

وسيلة لإخفاء ما تشعُر به، كأنَّها أتت كالوخزِ، كأطراف شفرة حادَّة على إحساسٍ أُهمِل مُنذ سنوات.

في لحظة فكَّر فيها الضمير أن يصحوَ، في لحظة أراد أن يُثير بها بُركانًا قد مُحيَت معالمه، تجاهل أثره العلماء والمحلِّلون والمُفسرون، لماذا أُريدَ لهذا الشخص أن يلتفتَ إلى الوراء في هذا الوقت وفي هذه المرحلة مِن العُمر؟ أيًّا كان المُتحكم في ذلك ما غرضك وما دوافعك؟

إنني أخشى في هذه الحياة شيئًا واحدًا؛ ثورة بركان شِيعَ وأُخبر بزوال أثره فهو أشدُّ فتكًا مِن بركان جديد، ولو كُنت مكان صاحبنا لاستأجرت شخصًا يبكي عوضًا عني مُعاقبةً لي وللمال والمسؤول عن تسرب هذا الشعور.

انطلقَ صاحبنا بلا تردُّد حامِلًا مصباحه الذي لا يعلم مدى قدرته على العمل، انطلق بروح شابٍّ في أول العشرين ودموعه تتطاير مِن أطراف عينَيه، كطفلٍ حُرم مِن ثدي أُمِّه فأتت تلك النسمة حاملةً لرائحته.

ها هو ذا يفتحُ باب القَبوِ وأفكاره تسابِق قدمَيه، فترتخي قدماه تارةً وتشدَّان تارةً، هل يفكر بالطريق أم بالذكريات أم بماهية الذكريات أم بقدمَيه أم بها سويًّا؟

وأخيرًا، وصل صاحبنا وقد واجه صعوبةً في فتح ذلك الدُرج الذي تملؤه شِباك العناكب، وكأنها تقول رفقًا فقد حرست ما تبحثُ عنه لسنوات حتَّى ظننتُ أنكَ قد مُتَّ، فصاحبُ تلك الأوراق رقيقُ القلب، آهٍ فقد كانت نسمات الهواء كفيلة في جعله يأتي مُهرولًا، ولَم أكن ها هنا، كُنت أُراقب الأحداث مِن زاوية الجِدار إلى أن فقدتُه وقطعتُ على نفسي عهدًا بالحراسةِ حتى يعود.

ارتجفَت يده وهو يقلبُ الأوراق، ذرفت دموعُه وتسارعت نبضاتُه ولا يزال يُحاول جاهدًا أن يبتسمَ ليغطِّي آثار ذلك البركان، ما وجده في الأوراق هو ما كتبته وما سأكتبه في هذا الزمان وهذه اللحظات عندما كانت الأفكار تتلاقَ بلا مواعيد واجتماعات مُسبقة، هي أشبه ما تكون بالمواعيد الَّتي تُصاحبها أنفاسٌ متعَجِّبة، لا نلبسُ البزة ولا نتأنَّق لأجلها، لا تُلغَى اجتماعاتها لظروف لأنَّها هي الظروف.

مِن أين أبدأ؟!

في هذا العالم مِن أين أبدأ؟! وإلى أين تَكون الوجهة؟! لا زلتُ لا أفهم هذا التناقض رغم أنَّني بذاتي أُناقض أفكاري وربما أفعالي، لكن صدِّقوني وصلتُ إلى تلك المرحلة التي يحلُم بها أي شابٍّ من الهدوء والصفاء الذهني، ومنَ القدرة على مجابهة المُشكلات والبحث عن حلٍّ للمشكلة بعد وقوعها بأجزاء من الثانية، لكِن لا زال العالم غريبًا، يَسكُنه بشرٌ غرباء، ألم أُولد ها هنا؟! ألَم أعِش بين أربعةِ جُدران أنتظر الضياء الذي كُنت آمِلًا أن يَقسم تلك الجدران إلى شقَّين، ويأخذني إلى أرضٍ لا تُشكل ضغوطات وإلى أرضٍ تَحِنُّ عليَّ، فالأرض لا زالت صلبة جدًّا رغم أنِّي شاكرٌ لها على ملازمتي طوال تِلك الفترات اليائسة!

نعم، عِشت وخضتُ كما عِشتم، تجرَّعتُ الألم من الفرح، وشَعُرتُ بالأذى من داخلِ المأمن، وذُقت اليأس من بابِ الأمل.

لماذا تعلمتم الوحشية من تجارب الحياة، بينما شَكلت مني لوحة رقيقه تَجرح ذاتها بأفكارها؟ نعم، فصراعي الداخلي لا نهاية له، فكرة تولد بداخلها فكرة، وهذه الفكرة وِلدَت من مئات بل وآلاف الأفكار، لا تعتقدوا بأن هذه التجربة انتهت! لَم نُغلق صفحة التوَتُّر والتشَتُّت وتداخُل الأفكار، بل والخيالات التي لو طرحتُها مِن رأسي أرضًا لأصبحت وَحشيَّة كالكابوس الَّذي يُلاحقك طوال حياتك، وأحيانًا هي أنعم وأرق مِنَ الحَرير، على ماذا ستنتهي هذه الحياة؟ وعلى ماذا سَتقِف تِلك السَّفينة الَّتي تجول العالم الافتراضي اللَّا واقعي؟ أين سترسو تِلك السفينة؟ أم ستجول إلى ما لا نهاية؟! قد عِشتُ كثيرًا مع أفكاري وولدتُ معها وبها وإليها، لا تكاد تنفكُ عنّي يومًا، لا تكاد تنفكُ عني لو للحظة، بالرَّغم مِن ذلك كُله ظَهرت للبَشر بشكلٍ رقيق متجاهلًا كلَّ ذلك! ولكن العالم الغريب يرفض تقبُّلَك كما أنت، مِن أين أبدأ؟! وأين سأنتهي؟!

الحبُّ الأرعَن

جميعنا يعلَم أنه لا حياة بلا حبٍّ، وبعيدًا عن اختلاف وجهات النظر والآراء لكن وُجد في تلك القرية حُبٌّ أرعن، وُجد أناس لا يفهمون معنى الحب، فهم يميلون في حبِّهم إلى ذلك النوع من حب العبارات والمظاهر، ففي تلك القرية لا يبحثون عن ثقافتك ولا تجذبهم قدراتك الهائلة إن كنت تقرأ تلك الصفحات من الكتب في عدّةِ ثوانٍ.

في تلك القرية العَب كما يحلو لك؛ فهناك نساء ركيكات منسلخات عن دينهنَّ ومبادئهنَّ، يعكس المعنى الحقيقي للحُب وأي معنى هو الذي تملؤه السطحيَّة وقِلَّة المعرفة، حتَّى إن الثقافة عندهم بلغت سنَّ اليأس عند ثقافتهنَّ وقلَّة معرفتهنَّ، وهناك ذكور مترجلون يَسلكون كثيرًا ذلك الطريق، فهم سرٌّبٌ له يبحثون عن شهواتهم ويركضون وراءها أينما كانت، والمُضحك أنَّهم يبكون ويصنعون أجواءً خاصَّةً بهم، حتَّى في بكائهم هم كاذبون، ولكن أهي

خُدعة القلب؟! هذا الكمُّ من التناقض والتباعد والتشابك والصراعات الحادَّة بين القلب والعقل، صراعٌ صاح بهِ عنترة، ولا زالت وتيرة هذا الصَّوت منطلقةً وقائمةً، وكلُّ فردٍ منَّا إمَّا سيكون أحد سكَّان هذه القرية أو سينزح بعيدًا عنها، محاولًا وساعيًا للهرب مِن الوقوع في أهوال ذلك المُسمَّى بالحُب، ولكن مظلَّة الحُب أكبر مِن أن تهرُب منها ومن أن تنزحَ عنها، اهرُب لواقعك وآمِن به ووازِن بين هذا وذاك، ولا تقلَق، ستُعطيك الحياة منَ الصَّفعات الشيء الكثير، وتلك الصفعات كفيلة بأن تتحكَّم بأقدامك.

مِلعقة من ذهب

بالحديث عن الحياة وتَقَلُّباتها، ستمرُّ بكثير من الصراعات المُختلفة والمُنعطفات الحادَّة، وفي ظِلِّ تلك الظروف عليك التَّمسك بسلاح الصَّبر وسلاح الرضا، والمُتفائل في ظِلِّ ذلك قد فعل الكثير وفاز بالكثير، لكل شخص حياة، وكل حياة مختلفة، فلا تستطيع أن تُقنع شخصًا يَعيش في وسط حظيرة أبقار أنَّه سيصبح أحد أغنياء العالم يومًا ما، ولا تستطيع أن تصفه بالمتشائم؛ فإنَّ حياتك تختلف عن حياته، ولكن الكلمة الطيّبة تُخفِّف فتشكل جبرًا مؤَقَّتًا لكنَّها ليست علاجًا، فمَن كانت حياته مستوية سيرَى أن الأمور بخير، وأنَّ الحياة سهلة وبسيطة، وبمجرَّد أن تتساقط عليه المصاعب والهموم ستجده يذمُّ تعاسة حظِّه.

الفأل خيرٌ، والتوكُّل على الله خير، ومَن تعلَّق قلبه بالله أشغلَته طاعته، وذكره وحبُّه له عن مشاغل الدنيا وهمومها،

ولكن التأسيس لشخصك وكيانك شيء مهم للغاية، وأن يكون أساسك قويًّا متماسكًا في حظيرة، خيرٌ مِن ضياع وشتَّات في قلب الرَّاحة، فالأول لا يُلام على ضياعه ولا يُبحث عن أسباب ضياعه، فهي واضحة، ولا تُشار إليه أصابع اللوم بخلاف، مَن كان مُهملًا عديمًا للنَّفع وقد وِلد وفي فمه ملعقةٌ مِن ذهب.

يومًا ما سيزول

يومًا ما ستدور الأيّام، حتمًا ستدور صدِّقني، أرى حزنك، أشعر بنبضات قلبك، حرارة جسدك، خوفك من اللا شيء، يومًا ما ستزول راحة أولئك الَّذين أوصلوك إلى هذا الحال، وستبدأ راحتك أنت، دموعك البريئة تلك المشابهة لقطرات النَّدى، ملامحك الجميلة ستزهر يومًا، ستلقي الشمس أشعَّتها حاملة إليك دفء الحياة، ذلك الدفء الجميل، ليس أبدًا بذلك الدفء الَّذي يصحبه التوَتُّر ويصحبه نبضات مضطربة لقلبك، سَتَمضي الساعات والأيام وستتَّخذ كل ما آلمَك سلاحًا في يوم من الأيام ستكون أنت المتحكم بحياة أولئك الأشخاص، نعم كذلك، يدور القدر بإرادة الله، ستدور تلك العجلة الَّتي لطالما كنت تظن أنها تآكلت، العجلة التي يعلوها الصَّدأ ويملأ فراغاتها غبار السنين، ستحدِّد أنت متى توضَع النقطة آخر السطر، لا أومن بالكلام المُنمق ولا العبارات شديدة التفاؤل، ولكن أومن

بأنَّ الحال مُتغير والظلام لَم يُخلق ليدوم، والعجلة مهما توقفت فهي قابلة للسَّير، وكُلُّ الأصابع تُشير إلى التَغيُّر، كُلها تُشير إلى الحركة نحو الجانب الَّذي كُنت تنظر إليه نظرة الاستسلام ونظرة الخوف، أعلَم بتلك اللحظة جيدًا، تلك اللحظة الَّتي لا نرى فيها غير اليأس، لا تُغرينا الكلمات اللامعة، ولا العبارات الخادعة، آمن بجانب النور ولا تضع اللثام على عينكَ إن أتى، فلرُبَّما أنتَ بطل النهار الَّذي تخلَّى عن لثامه ليضعَه أمام أعيُن مَن وَضعوه له.

مِن الباب البعيد

أنت صاحب رسالة، وكل شخص في هذه الحياة يُقدم رسالة، فماضيك السيئ هو رسالة جميلة تُحكَى كمثال جميل جدًّا على أنَّ الحياة لا تنتهي، وأنه لا يحكم على الشخص بمجرَّد فترةٍ زمنيةٍ مرَّ بها في حياته.

نعم، قِف أمام الناس وتفاخَر بإنجازاتك التي تراها أنت ليس ما يَرونه هم، بعدستك أنتَ، بعينك أنت لا بعينهم، وإذا كنتَ تخشى مِن ردَّةِ فعلهم، اروِ تجربتك لغيرك على أنَّها قصة لأحد الأبطال أو أنك سمعتَها من شخص ما، فنحن في وقت لا يزال البعض منحرفًا عن مساره، فهو يصدق ويلمع للإنجازات عندما تأتي من الباب البعيد لا القريب، فقط لا تكتُم رسالتك، قُلها بأي طريقة كانت.

لا أعلم هل هي عُقَد أُصبنا بها؟ أم هي بقايا ما خلَّفته بعض الأجيال السابقة؟! البعض سينظر أنَّ في قولي إجحافًا

واستنقاصًا لتلك الأجيال، ولكن الشخص سليم العقل، القريب من الواقع، الملامس له، سيعلَم جيِّدًا حجم الأخطاء، وسيعلَم جيِّدًا ما خلَّفَته ستائر الموت، رُغم أني لا أُحب أن تكون الأعذار حليفتي في هذه الحياة، ولا أُحبِّذ الهرب واللجوء إلى زوايا الأماكن الَّتي مكثتُ بها كثيرًا.

أخرجْ تِلك الرسائل.. أخرجْها!

مِن أعلى الجبل

خُذ بيدي لننظر إلى أنفسنا، ماذا نفعل نحن من أعلى الجبل، فوق القمَّة؟ أنا أَنظرُ إلى مدينة جميلة تسكنها أرواحٌ يائسة، أُدقِّق في تفاصيل الأُمور، في لمعات الأَعيُن، فلا أجدُ سِوى أناسٍ يجاملون بعضهم البعض، وفي زاويةٍ أُخرى مَن هُم فرحون يتبادلون الكلمات الساحرة وأعيُنهم تلمع حُبًّا وخجلًا، أنظر نحو البُحيرة المُضيئة، هناك أيضًا أشخاص يعبرون الطرقات تحت ضوء القمر، وآخرون هناك يلتقطون الصوَر التذكارية، لماذا لا أراك بينَهم؟!

أنت لا تسلُك الطريق الصحيح، فأنت تسلك السكك الحديديَّة، وغالب طريقك بجانب الصرف الصحي، وتحاول تفادي الحشرات الَّتي وجدَت مِن جسدك مسكنًا لها! تخيَّل معي أنك ذلك الشَخص الجريء صاحب الكلمات الرنانة والأحاديث النّيِّرة، تخيَّل معي فقط، اخطُ هذه الخطوة، اشبعْ ذلك الذهن

بها، ثم مارسْ تلك الخيالات والأفكار في يومك، لا يَكُن يومكَ كالأمس حتَّى في خيالك، ابدأْ في تكوين كيانك الخاص، واطرُد تلك الأفكار التي تشبع بها عقلك، يومًا بعد يوم سيترجم عقلك تلك الأفكار إلى واقع، آنَ الوقت لتسلُك طريقك الصحيح، أن تسلكَ ممرَّاتٍ تشعُّ منها الحياة، وتستنشق أنفاس الأمان آخر تلك الممرَّات بمجرَّد أن تخطو قدماك أول خطوة فيها، لستُ مثاليًّا في النُّصح ولا في تطبيق ما أقوله، ولكن صدِّقني أرى في كلامي جانبًا من الصحة، لا تسلك تلكَ الطُرق.

حَربُ السَّلام

في هذه الحياة؛ في صَخَبِها، وفي ألمِها، وفي قَرعِ طُبولِها.. يوجد فقط حربٌ تُخلف آثارًا جسيمة، حربٌ للموت، ولكن في هذه القَرية وجدتُّ الأمرَ مُختلفًا.

كانت الحَرب هُنا تُخاض لرفع رايةِ السلام، ولكنهُ سلامُ الحُب، تَعَمَّقتُ كثيرًا في تِلك القرية ولكنّي قبل ذلك وجدتُ جدرانها بديعة اللون، مموَّجة الجَمال، فلما فُتحَت أبوابها فُوجئتُ ببريقِها مُنعكسًا على عدسات عيني، لا أُخفيكم أنّها كانت مُعادلة جميلة وحادَّة، رقيقة وصلبة وناعِمة!

اندمجَت ببعضِها البعض فأصبحَت تِلك اللوحة لا تُقدَّر بثمن، وسجادتها الحمراء تشبهُ تلك الَّتي توضعُ في قصور الأندلس، بل في قَصرِ الحمراء تحديدًا، خفضتُ جسمي فتصارعتُ مع عِزَّتي ولكني نَزلت فقبَّلتُها، وقبَّلتني ومدت إليَّ ما تبقَّى منها لأسلُك طريقي إلى ما خفيَ منها وما سُتر، أكملتُ طريقي

في عَجبٍ وفي خجل، بدأت أشعرُ بالبرد بداخلِ القَصر، ولكنّي مَضيت وذهبتُ للدَّورِ العُلوي لأُبدلَ ملابسي البالية لأقضي ليلة واحدة، فَوَجدتُ قمصانًا عدة لَم أرَها قطُّ في حياتي، كانت الأكثر لمعانًا والأكثر هدوءًا في آنٍ واحد، مُريحة للعين، حادَّةُ الأطراف، لينة الملبس، مستحيلة الخَلع، بدلتُ ملابسي سريعًا رُغم أنَّه لا شيء يجعلُني على عجلٍ سِوى طبيعة القصر، نزلتُ مرَّة أُخرى فوَجدتُ الموسيقى حاضرة، وليست صاخبة، ليست هادئة، جميلة النَّغم، قليلة الكَلِم، توقفتُ لبرهة، يا إلهي! أهذه اللوحات حقيقة أم خيال؟ إنها تحضُّ على التفاؤل وقيمتها تُشيرُ إلى الكآبة، ستون مليون دولار! حسنًا، لم آتِ إلى هُنا بحثًا عن اللوحات، كان بداخلِ القَصر خاصية ليست بالهيّنة، كُلما شَعرتُ بالبرد احتواني ذلك القَصر وأشعرَني بدِفئه كأنَّهُ يسمع صرخاتي وآلامي وبرودة أطرافي، وُكلما شعرتُ بالدفء أيقظ لهيبًا بداخلي، حسنًا الوقت مُتأخر، فالليل حال وجالَ ومال، وقام واستقام وجاء في هدوءٍ مُربك.

صَعدتُ للنوم، تَغمرني أفكارٌ كثيرة، وفي برهة كأنَّ القَصرَ نَطق، لا.. لا، لَم يَقُل شيئًا، ولكنّي أحسستُ بذلك.

في السادس والعشرين مِن نوفمبر

كان أحد الباعة يمارِس روتينه المُضاف إلى حياتِه حديثًا، في لحظةٍ مِن اللحظات ازدحمَ الشارعُ بالسيارات وتقارب بعضها مِن بعضها الآخر ولزم كلٌّ مِن الباعة مكانه الخاص به وهم مشحونون ومشدودو الأعصاب لكيلا يتعرَّض مكانُ أحدهم للانتهاك مِن قِبلِ بائع آخر، فكان بائعنا ينظر إليهم مِن بعيد متكئًا على يدَيه ورأسهُ مُنخفض باتجاه قلبه، هو أيضًا مُزدحم لكِنهُ ازدحام الأفكار، والشَّوق والتِّذكار، بعد ذلك أخذتِ الشَّمس تضع لمستها الحنونة على بائعنا، ومَنظرُ الغُروب لَم يكن لمسة حنونة، لا.. لا بالتأكيد لَم يكن، بل كان جرحًا عميقًا في السماء، لقد شُكل كالسُّخرية، فقد ضَجِر ولكنَّه كتمَ، وتألَّمَ وأخفضَ رأسهُ حتَّى تحسَّسَ صدره بِذقنه، ها هو الليلُ أقبل، بالمسرَّة أو بالمضرَّة!

أَقبل كصوت حوافرِ خيلٍ في وسط إحدى الغابات، فأوراق الخريف كانَت تُريد لِتلكَ الحوافر أن تلين وأن تُخففَ تِلكَ الضَجة، لكِن أبى العقل وأبى الصَدرُ إلّا أن يُشعل ناره في الأرجاء، وقف البائع ودفع الكُرسي الذي يجلس عليه، تهيّأ لِلصُراخ، جمعَ أكُفَّه، أراد ترتيب حدثٍ في هذا اليوم، فلا يلتفتُ لهُ أحد، ولكِنه مُلتفتٌ للجميع، ابتدأ بحرفِ الصَرخة فأتى ذلك الصوت الخافت الذي كان كفيلًا بتحديدِ خارطةٍ له، لم يَكُن صوتًا عاديًا ولكنَّهُ كان مألوفًا، كان كفيلًا بتقليل عددِ النبضات والصدماتِ والحركاتِ وردود الأفعال، كان قويًا، لطيفًا، ناعمًا، مُبكيًا، مُلفتًا، مُحرِّكًا، مُجديًا، منوِّرًا، مُحددًا، مُسيِّرًا، مبينًا.. أهي عاصفةٌ صامتة؟ أهي خارطةٌ كاملة؟ أهي بقوةٍ مَع أم قوة ضِد؟ اختلطتِ الأفكار، فجلسَ مِن جَديد في حيرةٍ مِن أمره، هيّا يا بُنيَّ، قُم ونَم في سريركَ البارد القاسي فالأيام مُتشابهة، ألن تقوم؟ حسنًا، فأذانُ العشاءِ لم يَحِن بَعد، أعلَم بأنَّ الحياة صعبة متى أردتَها كذلك، ستتحمَّل رُعونة قيادتك لأن مساراتك مُتَعرِجة، صوتٌ واحد هو القادر على حلِّ ذلك كُله، أشبهُ بهدوء الفَجرِ قبل الضَجة، وقبل النفخ في الصُور، وكزهرةٍ تفوح بعبقها لِتُغرِيَ مصنعًا للنحلِ في أعلى الجَبل.

لوحة من غُموض

محدثُكم متنوّعُ الأذواق، لا ينحازُ لشيءٍ أبدًا، فتارةً أجدُ نفسي هُنا وتارةً هناك، مُتناقضُ الشُّعور، مُتفاهِم إلى حدٍّ كبيرٍ مع نفسي، وفي ذاتِ الوقت غيرُ متفاهِم، لا بأس، فقد قُلتُ إني مُتناقض، وكررتُ ذلك بطريقةٍ أُخرى، فلا زِلت في أدقِّ تفاصيلِ الأُمورِ متناقِضًا، وما الحياةُ إلا دائرة مِن ذلك، نَميلُ إلى العُزلة، وبمجردِ رسالةٍ من صاحبٍ أقرب إلى القلبِ وأبعد مِن العقلِ نفرحُ وكأننا وُلِدنا مِن جديد، وهَلِ العَقلُ أحكم أم القلبِ؟!

لا علينا، حياةٌ واحدة وقَلبٌ واحد، فَتَّشتُ بداخلِ هذا القلب فما وَجدتُ غيرَ لوحةٍ يعتليها غُبارُ السِنين، عَزمتُ على إصلاحِ ما يُمكنُ إصلاحه، اقتربتُ أكثرَ فأكثر، بدَت لي وكأنها إحدى الرُّسوماتِ الغامضة؛ رُكبةٌ على الأرض، ويدٌ مبسوطةٌ على تِلكَ اللوحة، تستعدُ لكي تُزيح هذا الغُبار العَتيق، ومِن أولِ لمسةٍ لتلك اللوحة تهادت تِلك الرمال لِتكشِف أمرًا لطالما أردتُّ أن يُشاركني أحدٌ به، فتاةٌ تَشبِك أُصابع يدَيها بِبعض، ورأسُها

مَرفوع ونظراتُها أَحدُّ من السِّكِّين وأبرأُ مِن عَينِ يَتيم، نعم بهذهِ الطريقة، عينانِ شاخصتان، وهدوءٌ عمَّ المكان، ظُلمةٌ تَجلِبُ الحيرة، قرَّبتُها نحوَ الشمعة رويدًا رويدًا، فإذا بي أزدادُ شكًّا، يا إلهي! إن تِلكَ الرسمة مُستوحاةٌ مِني، فتشابكُ اليدَينِ مع إشخاصِ البصر في كهفٍ مُظلِمٍ، ما هو إلا إيحاءٌ ولفتُ نظرٍ، وكأنها تَقول مَن ذا يُنافسُني صبرًا فأنا رسمةٌ في كهف؟! أنا خَليفةُ مَن كانوا بالغار، في حقيقةِ الأَمر أنا مُستعدٌّ كي أُقسمَ أن هذهِ لَم تَكُن الرسمة قبل أن أُزيلَ تِلك الرمال، ما كانت إلَّا طِفلةً جاثية على رُكبتَيها البيضاوين المليئتين بِالخدوشِ الحَمراء، فَتِلكَ الجُروح والندبات لَم تَجِف أنهارُها بعد، وَددتُ لو أَنّي دخَلتُ الغار مُنذُ أن زرعتُ تِلك الأرضِ القاسية أوَّل الأنهار الحَمراء على ذلك الجسدِ الطاهِر، ارتعشَت تِلك الفتاة وأرخَت قبضتها.

ماذا حَدث؟ يا إلهي! أخرجت يدَيها مِن الرسمة، سَمِعتُ صَوتَ أنينها، بدأت يدايَ بالقُربِ نحوها، وما تزال مُستمرةً بالأنين، فما إن تلامسَت أيدينا، لَم أُفِق إلَّا وأنا جالسٌ بجانب تِلك الطِفلة، في حقيقةِ الأَمر أنَّها مدَّت يدَيها مُسرعة وأنا مَددتُهما على هدوءٍ، ساعيًا لكي أحظى بأكبرِ وقت أُلامِسُ فيه تِلك اليدين، وفجأة! ارتفعت مصابيحُ الكهف وتعالتِ الأصوات، وعجَّ المكان بالضَحِكات، يا إلهي! أصابني الفزعُ والهلع، أشارت

إليَّ أن أؤدي إحدى الحركات التي تَدُل على الكبرياء، فهَمستُ لها: لماذا؟ ومَن هؤلاء؟! اتضح لي في نهايةِ الأمر أنَّهم مجموعةٌ مِن رجالِ الأعمال اللُّعناء، ماذا أتى بِكُم إلى هذا الكَهف؟ تبًّا لكم!

بَعد ذلك بدأ الكَهف يعود إلى ما كانَ عليه، وعمَّ الظلام واشتدَّت برودته، اقترَبَت مني، نظرت في عينيَّ وتركزت نظراتُها وعيناها الخجولتانِ الساحرتانِ القاتلتانِ تَقولانِ لي: لا مَفرَّ، فأنتَ الخَجولُ العابِرُ المُنتظر!

نزلتُ إلى مدى خدَّيها فقبلتُ تِلك الطِفلة، فأخذَت تبكي على خَجلٍ، أخذتُها إلى صدري فبكيتُ أيضًا، يبدو بأنَّها لَم تحظَ بالحنان طيلة هذه اللحظة، ربَّاهُ! لو أنَّها عَلِمت بأني لَم أحظَ بِذلك وقد كُنت أعيش في عالمٍ كبير.

مِن الوهلةِ الأولى وددت الموت قبل أن أفترق عَنها.. خَجلٌ، فَقُربٌ، فحُضن.. ما هي إلا طيرٌ يُحلقُ في أعالي الجِنان، ولكن تَحليقها مَخزونٌ في صدرها فقط، سألتُها:

- لماذا أمرتني بأن تَدُل حركتي على الكبرياء أمامَ أولئك الناس؟

قالت وصوتها أرقُ مِنَ الهدوء وأنعَمُ من الحَرير وضرباتُه أقسى مِن صولجان حاكم:

- حسنًا يا طفلي، فالتجار لا يُحبُّون إلا تعليق لوحاتٍ مِن ذلٍّ على مكاتِبهم، كي يقولوا وُلدنا مِن يأس وخرجنا من عدم، فأردتُ ألا أُحقِّقَ لهم ذلك.

فَقُلت لها:

- أنتِ تُشبِهيني كثيرًا، كِلانا يعيش في عالمٍ لا يُطاق، بالرُغمِ مِن أننا نُطيق ما لا يُطاق في كِلا العالمين.. حسنًا، يبدو أنني أُحاول جاهدًا أن أتقرَّبَ مِنها، فهذهِ ليست موضوعات جيِّدةً لفتاةٍ تعيش طيلة الوقت بداخلِ إطار، غَفت في هذهِ الأثناء، هل كان حديثي مُمِلًّا إلى هذا الحد! لا، لَم يَكُن مملًّا، فهيَ تتشبَّثُ بأصابعي بشدَّةٍ، وَخدها الحريري المُلقى على ظاهرٍ كَفِّي أعطى يديَّ رونقًا خاصًّا على الرُغم مِن أنه أقرب إلى خشبةٍ قديمة، لكن ملعقةَ العسل أيضًا خشبيَّة فما زادتِ العسل إلَّا جمالًا وإحكامًا في مَيلانهِ أثناء نُزولهِ إلى أحد الأرغِفة، نعم! هكذا كان منظرُ خدَّيها.

فيا طِفلة العُمر، هاكِ يديَّ، خذيهِما كما شِئت، سأقبلُ تقلُّباتِ المزاج، فما هي إلَّا رسمةٌ جديدة سأضُمُّها إلى هذا الغار، ولكنَّها سَتكون مُختلفة، فهي مزيجُ التقلُّبات مع حُضنٍ مِني، يا فتاتي الجميلة، سيقودُنا إقدام التُجارِ ها هُنا لِنُحملَ أنا وأنتِ إلى عالم آخر.

أفاقت وبَرُقت عيناها، وقالت: ما كانت غَفوتي تِلك إلا جانبًا مِن جوانبِ رَسمتي، والجانبُ الآخر: أطل حديثك لأنكَ لن تَخرج مِن هذه اللوحة، فأنا عالمُك الجَديد، وموطِنُكَ الوحيد، وتِلك الوديان والأنهار مِن الندبات، سَتُشفَى كُلما نَظَرتَ إليها.

اختلطت روحي بِروحها، وفي يومٍ مِن الأيام أتى رجُلٌ بغيض فخبأتُ قلبي الصَّغير خَلفَ ظهري فإذا أخذني هذا الرَّجلُ أو لَم يأخُذني فالأمر سيان، فالطفلة بداخلِ قلبي الَّذي خبَّأتُه، ومشاعِرُنا لا تَخرجُ مِن الأجساد بل من القُلوب، وإنما سيأخُذ جسدي فقط.

رجفة المصير

في أحد الصباحات عندما كنت طفلًا، أي قبل خمسة عشر عامًا، لا أدري إن كان تحديدي للزمان صحيحًا أم لا، ولكن كل ما في علم ذاكرتي المحدودة أنني عشتُ طويلًا تحت تأثير ذلك الشعور، رجفة الخطوة وأنفاسي التي تعلو داخلي مُختبئة من واقع مرير، وداخلي الَّذي كان يعلو بأفكاره مشكلًا ذلك تصادمًا عميقًا شرسًا لا نِدَّ له إلا هو، لا بأس، استجمعتُ قواي، هممت ثم عزمت، فأقدمت على السَّير والخروج من تلك الحرب؛ حيث لا أحد خاسر في تلك المعركة غيري، تقدمت بخطوات مُرتبكة نحو الأريكة، أريكة ذلك البيت ذي الطابع المُرعب والمُربك لي كطفل في الثامنة من عمره – إن لَم يكن أصغر من ذلك – ضممتُ يديَّ في حجري فكانت أصابعي تعانقَ بعضها البعض، لكن ليس العناق الشيِّق المُطمئن، بل كانت ترتجف فتلامس

بعضها بعضًا كأن كلَّ إصبع مِن أصابعي يُريد الهرب، فشكل ذلك أتعس اللوحات لطفل في الثامنة مِن عمره.

مِمَّ أخاف؟ هل أعلم حقًّا مِمَّ أخاف؟ أم هل هي طبيعة كلِّ طفل في عمري؟ الكثير والكثير مِنَ التَّساؤلات الَّتي كانت تدور في ذهني.

في تلك اللحظات، لا إله إلا الله ولا نعبد إلَّا إياه! نعم! تلك اللحظة تُرعبني مع اقتراب تلك الجمل التي ترنُّ في مسمعي، هل لطفل في الثامنة مِن عمره أن يخاف لمجرَّد سماع ذكر الله؟

أعوذ بالله أقولها الآن وأنا أكتب ممسكًا بالقلم، لن تفلت أبدًا مِن يدي يا مَن كنت سلاحًا على مرِّ العصور، لن تفلت حتَّى تخطَّ خوفي، نعم كنتُ أخاف مِن تلك الجمل ومن اقترابها نحوي.

كان لذلك النِّداء أن يبعث الاطمئنان إلى مسمعي فيدخل قلبي فأبتهج، كان من الممكن أن أحصل على لعبة أو هدية تُرمَى إليَّ، ترمى في حجري على يديَّ المُرتبكتَين، ولكن لا جديد، صرخات تردُّ بصرخات، فأقف بأعيُن تتلألأ يملؤها البكاء، لعلَّ وعسى أن توقف ما يحدُث، فأضطرَّ لاختيار أحد المَوطنَين في المنزل، فأختار موطنًا فيبكي الموطن الآخر، هل لي شأن فيما يحصل مِن قريب أو بعيد؟! نسيتُ أن أخبركم في سَردي لتلك

الأحداث أنني قد تبوَّلتُ على نفسي في حينها، حسنًا، سأقول ذلك الآن وأكتبُه، فلن يبقَى هذا الفعل المُخجِل حبيسًا في قفص الأفكار العتيقة، تُرعبني حقيقة أن ما مررتُ به سيمرُّ به أحد غيري، فكرة يقشعِرُّ لها بدني، تأخذني إلى الالتفات برعشة سريعة ممسكًا رأسي، لا زالت تلك الأحداث تقرع باب عقلي وفكري وذاكرتي.

ستائر الموت

احذَر أن تكون إحدى هذه الستائر فإنَّها الموت البطيء، لكن هذا الموت ليس لك وحدك، موتٌ يأكل أجساد الأبرياء كما تأكل النار الشمعة، نعم.. بتلك الصورة، كانوا يظنون أنهم بهذه الستائر سيَحمُون ويصنعون المَجد لأبنائهم، يَحمونهم مِن شرِّ الحياة وخطرها كما يَزعمون، ربطوا القيود على أيدي أبنائهم، قذفوا الرُّعب مِنَ الحياة في قلوبهم، وعندما كبروا رأوا عكس ذلك.

هكذا بُنيَت شخصيَّاتهم، أصبحوا يخافون من اللا شيء، يخافون مِن غدر الأصدقاء أكثر من اللازم، عَيش اللحظة عندهم معدوم فهم يفكِّرون بالمستقبل، وزيادة على ذلك بنظرة تشاؤم لا غير، إنه الموت البطيء.

كُن ستائر حياة لا موت، اصنَع من اليأس أملًا، ومِن صغائر اللحظات أكبرها، كُن تلك الستائر بالطريقة التي تجعلُهم

ينظرون للحياة مِن خلالها، فَعند شروق إحدى أفكارهم تنحَّ جانبًا، اجعَل ذلك الجُرم يُلقي بأشعَّته ودِفئه على تلك الأفكار، اتخِذ موقف المُتأَمِّل المُبتسم صاحب النظرات الحانية، أُدرك بأن تغيُّر الأحداث المُتسارع في هذا العالم كثيرٌ ولن يستوعبَه عقلك، لكن تنحَّ قليلًا حتَّى وإن كُنتَ تتألَّم، فالحياة تضحية؛ ساقٌ تُؤلمك في سبيل فرحهم خيرٌ مِن فرحك بساقٍ مُتعافية في سبيل ألمهم، لا تكُن ستائر موتٍ، فخلف تلك الستائر أموات أحياء.

الحُرِّيَّة

في الساعة الرَّابعة عصرًا وفي يومٍ لا أكادُ أنفكُّ فيه عن التفكير، فهو لا يختلف عمَّا قبله، فالأفكار طريقُها وعرٌ وصلب، فأعشابها شائكة ولكنَّ البعيد يتغنَّى بها ويُلمع لها ويحلُم أن يلقيَ نظرةً لها عن كثب، ولكن ما إن يتعمَّق فيها ويخوض، يجد نفسهُ ملقًى على نهاية طريق إحدى الأفكار، ما قبل هذه الساعة وما قبل أن أُلقيَ هذا الجسد المُتعب والعقل المُنهك على هذا السرير، تواصلَت معي إحدى الأخوات مُخبرةً لي أنَّها وجدت موضوعًا كي أكتُب عنه، فاختارت أن أكتب عن نورٍ بطنَ في الظلام، لكنَّ ظلامهُ عنيد لا يرضخ لصوابٍ ولا يسوسهُ شيء، مفهوم لِذي العقل نور لا يبطن إلَّا بنور، وأمَّا مَن يَركبُ الأمواج مكبَّلًا يدَيه لا يُريد التجديف فإنه سيرى أمواجًا مُهلكة، وأصواتًا تعلو على الحق، وفهمًا كُيِّفَ، وعقلًا يقود العُقول مِن البشر، فأخذ كُلٌّ مِنَّا يُبدي رأيه عن الحُرية وماهيتها؛ فقُلت لها سريعًا: إنَّ الحُرية

نجدها في عُقولنا ونُديرها بسلاحِ المُرونة التي تتكيَّف مع مُحيطنا وظروفنا، ما هي الحُرية التي أعيَت مَن يُداويها وما مفهومها أيُها البشر؟ ستأتي تلك الباحثة عن إرضاء شهواتها ورغباتها فتقوم برَميِ عباءتها فتكتب: هذهِ هي الحُرية يا فتيات! وسيأتي ذلك الرَّجُل منَ الطبقة الغَنيَّة صاحب الآراء المَقبولة بجيبه لا بِعقله ويقول: إنَّ الحُرية هي إدخالُ الشراب إلى بلده.

الحُرية متى ما سيَّجتَ لها مكانًا في عقلك سَتُرسم خارطتها على حياتك، فملامح الحُرية دِينٌ يُحسن أجواء فِكرها فتخرج ضاحكًا ناطقًا بالرأي السليم.. الحُرية أن يكون لها ظِلٌّ فيه، مُعتقد تُسَلِّمُ له ضاحكًا راضيًا، الحُرية أن تنسجم أفكارك وأحلامك وآراؤك ونواجذك وتكون ظاهرة للجميع.. الحُرية أن تختار السَكَن مع شخصٍ تُفضِّله لا أن تختار السَكَنَ دفاعًا وعنادًا وتمسُّكًا وتعصُّبًا لرأيك المُخالف لعقلك وكيانك مِن الداخل، لن تَكون حُرًّا والجميع يتَّخذ عقلك شماعته الخاصَّة ليُعلِّق آراءه عليها، والأمر الأكثر مَيلًا للهاوية أن تُصبح تلك الآراء قيد التنفيذ قبل أن تتخذ لها مكانًا في عقلك وتستقرَّ فيه، السلام الداخلي هو الحُريَّة وهو العلامة الأكبر والأبرز لها، ليستِ الحُرية أن تنتقلَ مِن قريتك التي تجد فيها حُرية الفكر

وتجد فيها سلامك الداخلي إلى إحدى المُدن فقط لأن أحد الأصدقاء عيَّرك بتلك القرية!

إذًا الحُرية تمتدُّ بامتداد ذلك السياج المَرن المرسوم داخل عقلك، وأحيانًا ستضطرُّ للركض والقفز مِن فوق السياج لِتُلقيَ نظرة لِحصنك وترى حدوده عن كَثب، فحدوده ستعود بالنفعِ عليك أكثر مِن تلك الأعشاب الشائكة.

ثورة خُبِئَت

يسمع دائمًا عن تفجّر قريحة الشاعر، وعن تفجر قريحة الكاتب، فأمثال هؤلاء البَشر خُلقوا وخُلق معهم التأمُّل وجُبِلت طبيعتهم عليه، أمثالُ هؤلاء لا ينظرون إلى البَحر على أنه بَحر، ولا ينظرون للسماء لاسمِها ووجودِها مُعلقة فقط، فَهُم قلَّةٌ من الناس، ولكن مِن تِلك القِلة، قِلَّةٌ منهم.

هوَ شخصٌ واحد بداخِله ثَورة خُبِئَت، لكنَّني خَجِلتُ من قولي إنَّه شخص لِعظمِ ما يحمل في قَلبه، وعظمِ ما بداخله، فما بداخله يظهر على مِشيته، ترى ميله في مِشيته في أثناءِ سَيره، لقد جَلست ذات مرَّةٍ أمامهُ ووضعت كفيَّ على رُكبتيَّ لأرى وأسمع وأتنصت وأسرق وأحظى بقصَّة ذلك الشخص وما يحمِل بداخله، فما إن سألتُه، إلَّا وانعقد حاجبَه انعقادة حاجب الذئب، والتفت بالتفاتة كبارِ السن، تِلك الالتفاتة التي يُرى مِن خلالها أثر السنين وأثر التجارب، فما إن أبحرت وأفرطت

بالخيال وسَرحت عن سبب تلك النظرة إلا وقاطعَني، لَم يُقاطعني بكلمة وإنّما وضع يده على قلبه وعاد طفلًا مُبتسمًا، ففهمتُ القِصة، لَم أفهمها كليًا ولكن ظاهر القصة يُعلم من غلاف كِتابها وعيني كاتبها، وعندما أدركت ما أنا بصدده من مشاعر بداخل ذلك الشخص، سألته:

- أين وجهتك الآن؟

فقال:

- حيث الأُمنية!

ثم سار حتى اختفى بين تِلك الجِبال، لَم أكن بتلك الفِطنة، ولكنني تعلَّمتُ درسًا كبيرًا في الحياة مِن خلال تِلك الجلسة، وودِدتُ لو أنني أعرف ما السِّر عن قُرب وأرى المَشهد عن كثب، ولكنَ كاتب هذا النَّص سَيُلوّن ويوَضِّح ويَرسُم أسطورة ذلك القلب، فإنَّ فيه كلمات لا تُمحَى، ودفئًا لا يُضاهَى، وحُبًّا كخوفِ أمٍّ على دمعة ابنٍ لها، وكخوف أبٍ على انكسار ابنه، وبينما كانت عيناي تتأمَّلان ذلك البَحر الَّذي يحمل في كلِّ قطرة مِن قطراته لآلئًا لو باعَها أصحاب تلك التجارة لورثوا الأرض وما عليها، ولكنَّها لا تُباع ولا تُرى لذلك العالم مِن البشر ولا مِن قبلهم مِن الجِن والبِنّ، وبداخل تلك اللآلئ مجرَّات وكواكب ونجوم، لا رهبةً في النظرِ إليها ولا فَزع.. أقفُ بصمتٍ أتمنَّى لو أستطيع وَصفَ

ذلك المنظر، أيقال عنه منظر؟ لا أعلم، يبدو أنَّ لغتنا العربية وضعت لذلك المنظر قاموسًا خاصًا به، تَنطق بأنها لا تستطيع وصف مشاعرها ولا تعلم بأنني أعلَم ما بداخلها كُلِّه، وإن علمتُ فسأقول إنها لا تعلم، لأمسح على قلبها وأعطيها راحة هذه الأرض، وهل هناك زيادة على ما تقول عيناك؟!

أعلم بأنَّ الكلمات تقف في أحيانٍ كثيرة، أعلم ذلك حقًّا، ولكن حتى وإن علمتُ فسأطمَع بكل حرف منك قيل، أو لَم يُقل بعد، أكتب اليوم لأُعبر عن جزءٍ مِن عالمك، وجزءٍ من عالمِ قَلبي الذي لَم يُكتَشَف كُله بعد، فذلك العالم لَن يُرى كاملًا إلَّا بمِجهرٍ دَقيق ينفذ ويمرُّ في أعماق قَلبي، في رُكنٍ عتيقٍ مُظلم.

مكابح الأمل

قَد تتساءل كثيرًا عن مكابح الأمل التي تتنوَّع صوَرها وأشكالها، تِلك المكابح الَّتي جَعلتني أُسَخر فكري وعَقلي، جعلتها قضيَّتي اليَوم وغدًا، حتى يَشيع خَبرٌ أنَّ تلك المكابح أسدل السِتار عليها وباتت لا تُجدي نفعًا، تلك المكابح التي جَعلتني مشتتًا وحائرًا، فلو رأيتُ لافتة كُتب عليها: (لقد وَصلت هُنا آمن مكان في الدُنيا)، لما صَدقتُ، فأخذت عهدًا على نَفسي أن أقوم أنا وَقلمي بثورة تِجاه تِلك الأَفكار.

أي مكابحٍ هي التي أَجبرتني أن أسخِّر قَلمي الذي يَكتب بمشاعرِ قَلبي ودموع عيني وتوتر جَسدي ورَجفة يَدي؟! أُغمضُ عيني الآن وشريط الذِّكريات العَتيق الذي يحمل مَعه ألفَ ذِكرى وذِكرى.

ألقِ نظرة على وَسط الشَّريط؛ فأوله قَد نَسيته، بل تناسيته إجبارًا مني لذاكرتي بَعد صراعٍ خَلَّف معه الكثير من التنازلات، يبدو أن ضَريبة نسيان أول الشَّريط كانت ضحكاتي التي فُقدت.

تبًّا! ألَم أَقل لننظر إلى وَسط الشَّريط؟ لماذا هذا الاستطراد في الكَلام؟

حَسنًا، يبدو أنها إحدى علامات القُبول والارتياح المُتبادل بيني وبين صَفحاتي، أبتسِم لها بنظرةٍ انتصار وتتقَبَّل مِني تلك الابتِسامة، طالبةً مني المَزيد، عُد أرجوك إلى وسط الشريط، عُد ودقِّق وحَرِّر تِلك اللحظات، ألم تلحَظ سُكونًا مُفاجئًا في الحركة وتوقفًا تامًّا عن التجديف؟ انظُر لذلك الفتى الهادئ، أمن كَلمةٍ ألقِيَت نحوه ظلَّ في مَعزلٍ من صرخات الأطفال؟ ظَلَّ بفِكرِه وأطال عُمر الزهور، حارَ العُمر فيه أهو من زَهَرِهِ أم مِن بقايا رَمادِه؟!

لَم يَكنِ الفَتى بذلك الضَّعف، ولكن جِبالًا مِن الكلمات خُيِّلَت له أوَّلًا فلَم يُلقِ لها بالًا، ثُمَّ أصرَّت تلك الكلمات أن تُبقيَ ذلك النَدب البسيط، فأراد أن يَقبل ذلك النَّدب فلعلَّه لَم يكن ندبًا، بل كان سهمًا مارقًا، وكطُعمٍ ذاقهُ فدبَّ في أنحاء جَسده، عَجزَ قَلبه الرَقيق عن الدُّخول مع تلك الكلمات في سِجال، ولكن اختلفتِ العُقول وتباينت وأبَت إلَّا أن تُخرج ما في جَوفها مِن

كلمات خادشة، ومِن هُنا عَلِمتُ، وَكيف لي ألَّا أَعلم؟! فَسَيفُ الحياة أُشهِرَ بين عيني في وَقت كان الأَجدر أَن يتبدَّل هذا السَّيف بدُمية.

تتقَبل ما أنا عَليه، كصَفحاتي التي بين يَديك، الكَلمة يجب أَن تُقدَّر؛ فهي قادرة على كَبح الأمل بأكمله، فاحفَظ لسانك وأعِد سماع الكلمة وليصدَح صداها بداخِلك كثيرًا قَبل النُّطق بها، تلك الكلمات ما هي إلا أجراسٌ لعينة تَرنُّ في فكر المَرء وعَقله وبين الالتفاتة والأُخرى.

الخاتمة

حينما لامست أَصابعي القَلم لأَكتُب المُقَدِّمة، كان ذهني مليئًا بالأفكار والأحداث، مليئًا بالأوهام، مليئًا بالشتات، فَجعلتِ القَلم والوَرقَ سبيلًا وباب طوارئ لتلك الأفكار ومَخرجًا لها، مخرجًا وليس علاجًا؛ فهو باب هُروب لا باب إقبالٍ ومواجهة.

آمل من اللهِ عَزَّ وَجل أن يترك هذا الكِتاب أثرًا بالغًا لقارِئه، آمل كذلك مِن الله وما لي أن آمل غَيره، أن يكون العِيار الأَخير لي على وجهٍ يُرضيه، آمل أن تكون رحلتك ونزولك إلى تلك المَحطة آمنةً يملؤها الدفء، ولكن لَن تكون كُلّ الرحلات بل أتمنَّى غالبها، ولَك مِن سكينة الليل عِبرة ومن ظهور الجُرم الكَبير لَمحة لا تَطُول، فلا تُكسب الشَجرة دفئك الفائضَ وتَرحل، واحذَر مِن بُركانٍ قَديم قَد شيع بزواله، فقد يكون ذلك البُركان شعورًا بداخلك، ولا تطلِ البَحث والتدقيق لتجد الخَير والشَّرَّ، اتركها لأحداثٍ مُقبلة، ستكشفُ لك طبيعة العَيش، اتركها للقاءات

الفِكر فَهي الأجدر بذلك، ولا تَكن كمَن بيده القَلم الآن حائرًا مِن أين تبدأ، تَجنَّبِ الحُبَّ الأرعن.

وإن كانت ملعقة الذَّهب مُلتصقة في أعلى فَمك، دَعها وذُق مُرَّ الحياة قليلًا، فيومًا ما سَتزول تِلك المِلعقة بشكلٍ لَم تتمنَّ حدوثَه، ولا تَقِف مُراقبًا أحلامك مِن بابٍ بعيد، زُرها ولامِسها، ثمَّ اذهَب لأعلى الجَبل وانظُر كيف بدوتَ في غاية الجَمال محققًا إياها، وابدَأ بسلامك الداخلي، رَكِّز على الداء واعرِفه جيِّدًا ولا تَستعجِل في البَحث عن الدَّواء فيأتيك بديلًا له، فالجُرعة الأقل لجُرحٍ عميق لا تُجدي نَفعًا، ولا تحتفظ بِكُلِّ التواريخ، احتفِظ بلونٍ منَ الأيَّام فَقط حَتَّى لا يملؤك الغُموض، وتتطبَّع بتلك الذكريات، فتقع في رجفات لا تنتهي جاهلًا مَصيرك، واحذَر أن تكون إحدى ستائِر المَوت، واجعل سياج حُرِّيَّتك مَتينًا.